La memoria del viento

La memoria del viento

Francisco Cobacho

PRIMERA EDICIÓN: abril 2024

© Francisco Cobacho, 2024
© de esta edición, Parnass ediciones, 2024
Balmes, 13 pral. – 08007 Barcelona
Telf. 93 168 01 87
info@parnassediciones.com

PORTADA: Román Gutiérrez
MAQUETACIÓN: RiüsLab
IMPRESIÓN: Lantia

ISBN: 978-84-128447-1-9
DEPÓSITO LEGAL: B 7374-2024

CUALQUIER FORMA DE REPRODUCCIÓN, DISTRIBUCIÓN, COMUNICACIÓN PÚBLICA O TRANSFORMACIÓN DE ESTA OBRA SOLO PUEDE SER REALIZADA CON LA AUTORIZACIÓN DE SUS TITULARES, SALVO EXCEPCIÓN PREVISTA POR LA LEY. DIRÍJASE A CEDRO [CENTRO ESPAÑOL DE DERECHOS REPROGRÁFICOS (WWW.CONLICENCIA.COM)] SI NECESITA FOTOCOPIAR O ESCANEAR ALGÚN FRAGMENTO DE ESTA OBRA.

El tiempo no cura todas las heridas,
solo te enseña cómo vivir con ellas.

ROSALÍA DE CASTRO

Poesía es y no otra cosa esa aspiración melancólica y vaga que agita tu espíritu con el deseo de una perfección imposible.

GUSTAVO ADOLFO BÉCQUER

El oficio

> Un poeta es un mundo encerrado en un hombre.
>
> VÍCTOR HUGO

El oficio de poeta es mucho más complejo de lo que parece. Más que inventar, el poeta se dedica a extraer la esencia de aquello que no se puede concebir por medio de definiciones sencillas. Expresar lo que, por medio de la vista, parece borroso. A esculpir lo que, por medio del tacto, parece liso. El poeta pone sonido en el silencio haciendo que las palabras dejen de sonar.

La poesía de Paco Cobacho no es un simple relato de vivencias o sentimientos. A través de las palabras, nos relata toda su experiencia vital desde lo más hondo de su imaginario. Combinando su estilo propio con las formas clásicas de los maestros como Antonio Machado o Juan Ramón Jiménez, consigue acercarnos a lo que él denomina «la memoria del viento», recuerdos que van y vienen como la brisa, redistribuyendo todo lo que tenía un lugar asignado para llevarlo a otros sitios que aún no han sido explorados, polinizándolos con nuevas evocaciones y sembrando los terrenos más áridos para que florezcan en el momento oportuno.

A través de su voz templada y paciente, conocemos el sufrimiento, la pasión, el dolor y el amor por un tiempo que creíamos olvidado. Y es que su poesía trata sobre todo sobre eso: el olvido. El viaje que toda una generación llevó a cabo para mejorar sus vidas. Sobre lo que dejaron atrás y lo que se llevaron consigo. Sobre lo que construyeron y sobre lo que derribaron. Sobre lo que ha permanecido desde entonces, gracias a lo cual hoy somos mucho más humanos. Nuestras familias, nuestras lenguas, nuestros amigos, nuestras guerras, nuestros viajes. En definitiva, nuestra historia. En sus versos está la esencia de todo aquello que conocemos y conocimos pero que, de alguna forma u otra, se nos ha olvidado.

Paco encuentra lo rural en la urbe y urbanismo en lo rural, creando una imagen atemporal de lo que significa estar vivo: moverse. El movimiento entre la tierra y el asfalto, el navegar por horizontes desconocidos y el redescubrimiento de un hogar.

Sinceramente, describir sus versos no resulta sencillo. Lo que expresan va mucho más allá de lo que creemos conocer. Su estilo depurado y familiar, nos acerca a nuestras raíces, mientras que su mensaje nos pasea por el tiempo como una mota de polvo que flota sin haber encontrado el lugar ideal sobre el que posarse.

Para ser poeta, hay que ser artesano, y un artesano no descansa hasta pulir cada una de las formas que dibujan su obra. Un artesano es paciente y metódico, pero también sabe cuándo darse la libertad para experimentar.

Un artesano sabe cómo llevar a cabo su trabajo para que siempre permanezca en el umbral de lo eterno. Lo único que quedará al final es el recuerdo de lo que fuimos para poder convertirnos en lo que somos y seremos. No es fácil conseguir que todo esto confluya en unas pocas líneas, pero el caso es que Paco Cobacho es un artesano con mucho oficio.

DAVID MUÑOZ

I

Sendas

LA CASCADA

El amor está ululando en el sentir de un suspiro.
El amor está en el aire
en el sonido del agua
en el leve rubor de la mañana.

El amor está en la humedad del ambiente
en el silbido del viento está el amor
o en el murmullo de unos niños
mientras juegan con el agua.

El amor está en lo banal de un pececillo
endulzando sueños junto a la cascada
en la música oculta tras las risas
en el volar pausado de un ave.

La cascada es el viento vertical
moldeando acantilados
mientras los amores pululan
enredándose en el verde paisaje.

El agua es el vínculo
entre el palpitar de unos rumores
y el sigilo de unas ranas
en su inminente surgir al cante del amor.

La desnudez de unos aromas
se realza con la caída del agua
mientras un arco iris se esconde
tras la emoción contenida.

Y, sobre todo, el amor más puro
está en las insinuadas caricias
de unos amantes mientras descansan
junto a las remansadas aguas.

LLUEVE

Sobre las calles empedradas llueve,
llueve hasta calar los huesos,
llueve sobre conciencias dormidas,
sobre mojado sigue lloviendo.

Con olor a lluvia infecta,
cabizbajos, bajo aguacero, empapados
acuden a las citas de cada día
los que todavía trabajan.

Mis amaneceres huelen a mojado
y mojada sigue la ciudad.
Aun así… mojarme quisiera
en tu esencia hecha lluvia.

En las distancias bañadas de silencio
hay anhelos viajando en el viento.
Es el mismo viento,
impregnado de tu aroma,
el que trajo la lluvia.

¡Llueve!

EL DISFRAZ DE LA BRISA

¡Cuánta presencia
noto en este dócil viento!
La persistencia
de un recuerdo montaraz.
La premura
de unos momentos gratos.
La angustia
ralentizando minutos amargos.
El estrés
ensimismado en lo pueril.
Los silencios,
los eternos silencios que no deseas.
La oscuridad
tragándose todo el color de la luz.
El horror
amedrentando voluntades.
La indolencia
el colmo del abandono…
Y, al menos por la noche,
con la anestesia del sueño,
el desencanto queda orillado
hasta que otra vez,
por la mañana,
el viento lo empuje de nuevo
hacia nuestro ego.

PÓRTICO

Enseguida se terminó la cena.
No hubo ni charla ni postres ni café
ni verbos ni versos ni amor…
El silencio concluyó en abandono
y la estancia se tornó plomiza.
Las historias de antaño
siguieron extinguidas de por tiempo.
Por las rendijas se perdieron,
la risa y la primavera.
Y en las siguientes noches
lo sueños no volvieron a nacer.
De entre los rincones
nuevamente surgieron fantasmas
y otra vez charlé con ellos
del frío yermo, también del vacío
y de la tristeza del viento
rozándome el desamparo.

EL METRO DE BARCELONA

En el subterráneo la estancia se alegra
con improvisadas charangas
y un vaso de plástico
–cual imán de monedas–,
se mueve esperando voluntades.

Fuerzan perfiles simpáticos
y sostienen con paciencia
el ademán de algún pasajero
tintineando monedas en el vaso
para aligerar ademanes de limosna.

En el metro te aturden la estima,
la impetuosidad pegajosa de sudores viejos
driblando en la niebla
del saturado espacio,
te adormecen el humor.

Y aún, en los pasillos, el relente
transporta sonidos de afligidos tangos
enganchados al hueco de los túneles:
galerías que nos llevarán
desde la entrada, a diversos itinerarios
y distintas historias.

En el metro de Barcelona
a veces se rompe la calma,
sube la ira a todo lo alto
y entre ruidos, mezcla de gritos,
se desfiguran los desgarros del aire.

El perfume de agrias fragancias,
llegadas de alejados suburbios,
desborda toda la estancia
de desairadas sonrisas
y chistes de ocurrencias dispares.

Fluye la vida en el metro
y los destinos aletean por sí mismos.
En los vagones pueden oírse
latidos diversos y lamentos silenciosos
que aseveran soledades.

Las escenas cambian con las horas,
muy diferentes las noches a los días.
¡Ay, las noches, las noches del metro!
Las horas nocturnas son otra cosa:
surge por doquier la magia.

A media noche, el entorno se vuelve bohemio,
aparecen idiosincrasias ocultas,
se agita el subterráneo de juventud y energía
y los pasajeros se vuelven sinvergüenzas,
divertidos, canallas, distintos...

Las madrugadas del metro
son noveleras y hasta puede que
sobrias en algunos instantes;
y se tornan musicales, poetas,
conversadoras políglotas...

Viajando en el metro
hay muchísimas personas,
tan ensimismadas con su móvil,
que llegan, incluso a creer
que solo viajan ellos y su teléfono.

En ocasiones, en el metro,
también aparecen los indeseables
amantes de lo ajeno. Mas ellos,
los embaucadores y carteristas,
no fueron invitados a este poema.

EL NACIMIENTO DE UNA ESPECIE

Se desplomó la gran nube atada al cielo
y al estrellarse contra el suelo,
de par en par se abrieron sus entrañas
y del centro mismo de su alma
se dispersó la ponzoñosa carga
de estrepitosos jadeos y ruidos.

Y de lo más hondo de aquel vientre,
abierto por el rayo y la tormenta,
surgió una masa gelatinosa y sucia;
una explosión brotó en forma de sapos:
criaturas guardadas celosamente
para colonizar hasta los páramos
más estériles de la tierra.

Descendió, pues, el bendito envoltorio
y en la genética de aquellos seres estaba escrito:
cada pareja de batracios, guiados por el viento,
anduvieran en diferentes direcciones,
y en el día elegido, allá cuando el ocaso,
los batracios se convertirían en humanos.

¡Y el hombre pobló la tierra!

LA ROSALEDA

Se oxidaron relojes
entre visos de sueños
y no supe adivinar con palabras,
si fue el elixir de las flores
o tu delicado aroma,
lo que me llevó al pasado.

De claridad bañado
—el parque de rosales—
ambos sentados junto al olivo.
Los versos sonaban leves en primavera.
Lejanos habitaron aquellos días
y el olvido quedó varado entre sus sombras.

Mientras las rosas abrían sus pétalos,
el verbo siguió trémulo en el recuerdo.
No hay brisas con memoria perenne.
¡Demasiado sublime, amarte esta noche
y no apreciar eternidades!

LAS GUITARRAS ESTÁN TRISTES

A Paco de Lucía, fallecido el 25 de febrero
de 2014 en la Playa del Carmen, México.

Se durmió la música en mí.
El tiempo fue acariciando paisajes
y ni sonaba el trinar de los pájaros
en los páramos de mi alma.

Pero aquel día, de un febrero gélido,
despertó el sentido de lo sublime.
Escuché a la guitarra *Entre dos aguas*
y soñé de nuevo, estar soñando.

Algunos genios de la guitarra no mueren.
Por los tiempos de los tiempos,
duermen a orillas de un mar de México.
Y, mientras tanto, su música
fluirá de por siempre
en otras guitarras y otras manos.

LA AGONÍA DE LA LUZ

Se volvieron a mirar
y sus pupilas sucumbieron
ante lo alejado de la pasión
y lo cerca que estaban del precipicio.

Después asomaron silencios
y ecos con olor a jazmines.
Se abrazaron en la noche
y sin ruido se amaron.

Por la mañana…
vuelta a vivir en la soledad
de un viento hiriente
y un despertar lánguido.

EL JADEO DE LA BRISA

El otoño habitó los últimos suspiros.
Creyó la luz crecer ufana,
y en su lugar,
se hizo la escarcha.

El invierno apareció níveo,
el frío brotó del gélido viento,
baldías nacieron las mañanas
y los amores invernaron
en huecos dejados por la pasión.

EL VIENTO

Ese viento invisible que nos abraza
cual aliento perfumado
por acacias
y nos cala el sentido.

Ese sello de firmas:
«Solo yo, el viento, lo modeló
entre fisuras del tiempo
y la entereza de Job».

Ese músico, soplo o céfiro;
moviendo el silencio
con sus acordes y silbos
y con su furia rizando el agua.

Ese poeta juglar
de bordados en la arena,
el que idea rebotar
los ecos contra los riscos.

Ese cantor de la aurora
despertando a la mañana
con su relente suave
y el volar de golondrinas.

Ese escultor de paisajes,
socavando los entornos
y, con prolongadas caricias,
esculpiendo catedrales.

AHORA QUE AÚN SOY YO

Ahora que estoy despierto
puede que sienta frío
al recordar que me aguarda
impaciente y en silencio
la inoportuna mortaja.

En el corredor que lleva
desde la piel que habito
al féretro,
cuyas maderas,
¡milagro!, aún puede que vivan,
está mi presunción
anegada en reflejos
de irreales plácemes.

Al ralentizarse mi tren
y hacer un alto en el camino,
hay una estación elegida: el otoño.
Tiempo cercano al cansancio,
a escarchas temblorosas
y a tímidos resuellos.

¿DÓNDE ESTOY...?

Tal vez he llegado…
no lo sé,
perdí el turno de la partida
las señas de los caminos,
la referencia del día,
los mojones de mis lindes
y hasta mi nombre he perdido.

Tal vez he llegado…
no lo sé,
perdí la estima del tiempo,
la raíz que me anclaba al sitio,
el destino del viaje
y hasta la sombra he perdido.

Tal vez he llegado…
no lo sé,
perdí el sonido que soy,
la compaña de la luna,
incluso perdí la esencia
y hasta los sueños perdí.

LA ALEGRÍA

Y se durmió una vez más.
De tanto en tanto lo suele hacer,
luego despierta pletórica de sus vahídos,
pero por poco tiempo.

Y así la voy viendo: con idas, venidas,
altos y bajos;
como las olas de un mar
en lucha con los acantilados
o como las mareas influidas por la luna.

A menudo la encuentro
oculta en sí misma, como avestruz,
dejando el cuerpo entero
a la intemperie de los truenos.

Me sigue como las sombras,
eternamente movidas por el sol,
o los días, encendidos en verano
y los ocasos, ausentes de cálidos colores.

Desde que apareció por vez primera
su luz sigue mi estela.
Siempre fue así:
caprichosa, desleal y soberbia.

Y en ocasiones,
anda mordida por ausencias,
envuelta en melancolía.
Mas siempre vuelve a mí,
cual bumerán que errara su objetivo.

GUIÑOS

Caminos que se diluyen
entre grises paisajes sin presencias.

Melancólicas ausencias
surgiendo de entre la niebla.

Fantasías que invocan deseos
y jadeos viajando en la brisa de tus ecos.

Delirios bailando entre sueños
o dormidos en el filo del tiempo.

La suntuosidad de la luz,
y la calidez de las mañanas.

Miradas efusivas avivando sonrojos,
en el mapa perfumado de tu piel,

Primaveras eternamente vivas,
la memoria del viento… TÚ.

HABLA MI ALTER EGO

Recoges tu sombra y tus sueños
y los succionas como luz inducida
que viniera sin brío
y sin lastres harmoniosos.

Dejas latiendo el corazón
y te escondes entre el perfume
dejado por la flor de un jazmín
en su tiempo de retirada.

Alojas el desdén en la rendija
de un llanto antiguo
y te escondes entre la tenue niebla
cual lágrima extraviada.

Vuelves al sueño
y hallas un lugar sin maldades,
un jardín sin ortigas,
un edén de eternidades.

Despiertas otro día,
y siguen los hombres
con sus pecados titilándole
en conciencias dormidas.

EVOCACIONES

Aún recuerdo su jersey de lana:
tejido a mano y con franjas de colores.
Todo un arco iris
dando belleza a sus formas.

Las candelas de sus ojos
y su transparente mirada
perdida en la profundidad
de un desdibujado sueño.

Su gracejo al caminar,
el balanceo de sus caderas
imprimiendo magia al viento
y sigilo a mis anhelos.

Recuerdo su conversar sereno:
frases escudriñadas a veces,
entresacadas y alisadas otras,
mas, siempre impregnadas de inocencia.

No logro retener su viajera luz
ni el perfume que la envolvía.
Su velada presencia
se dilata en mi memoria.

Ahí anda su magia
sujeta a tiempos lejanos
y almanaques sepia
en los que viajo hacia la luz.

Y mientras, los temblores del viento
trasladan su esencia
hacían arrullos de silencio
hablándome de ella.

AMANECE

Y el silencio se hizo bullicio
y la luz se vistió de colores
y la noche sucumbió a los brillos
de una frugalidad burlona.

Y brotaron charcos de vaho
en los meandros de un antojo.
Y nacieron vestigios,
parte de antiguos oasis
en desiertos de flamas ocultas.

Y se eclipsó la tarde
entre llamaradas rojas
y hubo un sol de nuevo nacido
dilatando otro día burlón
de hilvanadas nubes
y altos cipreses adorando al frío.

INSOMNIOS

Cual futuro de etapas inciertas
aguardando al destino,
caminan mis desvelos
por agrestes veredas
y fríos ignotos.

Tras un lapso o víspera,
en la tregua del leve descanso,
con la plateada y plena luna
por toda presencia,
languidecen mis temores.

Me dispongo a uncir sueños,
inquietudes laxas
y luces vistiendo un eclipse
con lejanas evocaciones
de amores ajados.

SILENCIO Y FRÍO

Delante mismo,
junto a la ventana, está el abeto:
ornamento efímero,
decoro de una fiesta más.

Una sala poco iluminada
y un silencio hondo
parten hacia un calmoso momento
de quietud tristona.

Observo el árbol
cual una parte atrapada
entre paisajes nevados
y el titilar de sus lucecillas
meciéndose en los colores.

Diminutos pulsos,
ahora luz ahora penumbra.
Agonía de tiempos que se van
y nacimientos que brotan.

Los años se filtran
por entre pálidas lunas,
coloreadas estancias
y alumbradas historias en un abeto.

Y ya en la media noche,
unas sombras alargadas,
fantasmas del pasado,
se reflejan en mí
como fríos hilvanes
de invisibles vientos.

BELLEZA TORTURADA

A las sabinas de la isla El Hierro

Las achacosas y viejas sabinas,
sin voz en la batalla
–pacíficas ellas–,
en su lucha diaria
contra la furia del viento,
se han vestido de esculturas.

Y ese viento silbante
camuflado de invisible,
con su paciente cólera
y una presencia de siglos,
ha transformado
la piel arrugada de los árboles
en torturada belleza.

DECEPCIONES

En el cielo gris de esta mañana
revolotea una golondrina,
cuya torpeza al volar,
halla el eco en sus frías alas
al chocar con ese viento
que no es la templada brisa
que esperaba al volver del sur.

TRÁNSITO

Contemplo los objetos que me rodean:
naturaleza muerta y alguien viviendo sin saberlo.
Respiro el olor que emana de una canción vieja,
nostalgias que se hunden en mis encanecidos otoños
cual cicatrices imborrables de un pasado gris.

Observo los días que me empujan hacia el frío
y no puedo inventar, sino leer mi propia oxidación.
Lo que toco, lo que veo, lo que voy dejando,
lo lejano y lo que apenas diviso con la vista cansada,
cada día está más opaco, más etéreo, más fuera de mí.

Palpo mis pensamientos y, mientras tanto,
retornan a mi presencia historias de antaño.
La candidez se despereza surgiendo cual sombra gris.
El ciclo de los tiempos fue arrastrando las vidas
de los amigos que partieron una mañana para siempre.

Las tardes con terrazas impregnadas de cerveza
y nosotros, olvidándonos de que ya éramos hojarasca.
Los días cortos de invierno, las chimeneas humeando al frío,
los hijos cada vez más autónomos, más independientes,
más lejanos de nosotros, sus ascendientes directos.

El amor cada día que pasa un poco más impávido,
la humedad del tiempo crudo entristeciendo a los cipreses
Y tú... cada vez más oculta tras la niebla que me asecha
en este previsible final de meta, plasmado en mis genes.
y señalado para no muy lejano en el tiempo.

AGUAS ABAJO

Fluyendo como la vida
Aguas abajo
Como respiran los ríos
Aguas abajo
Filtrándose entre tus ojos
Como el Guadiana
Aguas abajo
Los peces viven aguas bajo
Como los álamos
Nacidos en las riberas
Aguas abajo
Como tus sentidos
Siguiendo la corriente
Aguas abajo
Como los amores
Que se extinguen poco a poco
Aguas abajo
Como la brisa en las mañanas
Empujando a la bruma
Aguas abajo.

SIN ALAS

¡Ay, ese día,
en que me dejé cortarlas!
«No te alarmes, me dijeron,
enseguida te crecerán».
La verdad fue amarga:
transcurrieron semanas,
los meses fueron pasando,
vi como caían
hojas a los almanaques.
Una, otra, otra…
¡Nunca más!,
me florecieron las alas
Indiferente y convulso,
sigo sin poder volar.
Ya no domino los vientos,
ya no me crece la risa…
Camino pegado al suelo
cual otro cualquier réptil.

OLIVOS

Elegante y bien plantada vejez
–más que centenaria–
la de los encrestados olivos.

Como curtidos en batallas,
gallardos y orgullosos
de sus retorcidas arrugas
y de sus múltiples brazos.

Apéndices prestos a guarecer
en sus intrincadas oquedades
los nidos de gorriones,
el susurro de los amantes
y los vaivenes del viento
trayendo el fresco perfume
del clima mediterráneo.

LAS ESTACIONES

Ahí seguimos,
anclados en exhalaciones.
Y en demasiados momentos,
sin amar o
incluso odiando.

Lo dijo algún poeta:
«Están muertos, sí, muertos;
muertos están
los que ya no aman».

Por algún oculto rincón
se oyen sus silencios,
llevan olor a grito
y se asoman a los espacios
inventando que están vivos.

Luego queda la esperanza.
¡Todos amamos algún día!
Y entonces surge el milagro,
la vida brota de nuevo.
Pero hoy…
todavía es invierno.

LOS PLÁTANOS DEL BULEVAR

A pesar de la mudez de su estirpe
y de lo inescrutable de la última brisa
los plátanos del bulevar parecen felices.
¡Están tan apretados sus ramajes!

Luego se vestirán con las galas del otoño.
¡Son tan cercanas sus frondas!
Veo sus ramas tan entrelazadas
que parece, estén amándose.

Más tarde, cuando asome el invierno,
se detendrán sus bríos,
se aflojarán sus abrazos
y el viento se llevará sus hojas.

Sus frías savias invernarán
y esperarán a una primavera incierta.
Así terminan muchos amores:
esperando, quizás, otra floración.

POESÍA

Escribía y cantaba en silencio.
Las ideas se ansiaban al teclado,
no soltándose hasta conseguir,
manchar del portátil su pantalla.

Fue así como el amante de lo onírico
creyó encontrar la poesía.
Primero creó contenidos,
vida, inquietudes,
miedos, melodías, silencios...

Después pintó de colores el verbo,
detuvo el viento y lo amansó a brisa.
Forjó impulsos, versos de luz,
de alegría, lluvia, amor, celos…

Eligió un manojo de nombres:
tierra, agua, fuego;
mujer, rojo, pasión;
lucha, muerte, dignidad;
vino, dudas, odio...

Moldeó los versos en estrofas,
le imprimió júbilo, algo de ritmo,
un zafiro mojado en música
y el conjunto lo adornó con metáforas.

Al final de todo el proceso,
entendió que no había creado nada.
¡La poesía siempre estuvo allí
impregnando sus vidas!

EL CAMINO

En su deambular
por sendas de destinos inciertos,
nunca codició desviar la vista
más allá de sus anhelos.
No se asomó por sus sombras,
tampoco llamó al pasado.

Es verdad que
a punto estuvo alguna vez
de quebrantar la quietud,
de virar la cabeza mientras andaba.
Mas, en el último momento,
siempre se detuvo
a un soplo de la tragedia.

Un día le envolvió un miedo frío,
el silencio se le coló al oído
y le musitó:
«Caminante, este camino hoy tuyo,
otro día pudiera ser transitado
por otros pasos y otras voces
y encontrarse sin ansiarlo
con tu cuerpo,
estatua de sal petrificada».

SIEMPRE LA SONRISA

A la poeta, Elisa El Zoughbi, en sus últimos días,
cuando aún estaba con nosotros.

En cada verso la poeta canta
justo al filo de un puñal envenenado.
La poesía sigue sonando a gesto
y su lucha a muerte con el alien
no impide que siga amando a la palabra.

La integridad ahuyenta al dolor,
sus manos palpan ternura
y el anhelo está exiliando a la niebla.
Sus ojos miran el hueco azul de la ventana
y el otoño anuncia finales afligidos.

Los árboles pierden su brío,
las crónicas huyen de la luz
y el esplendor de la bondad de unos versos
atemorizan al deceso
aun en los últimos ocasos del aliento.

BAJO LA LUNA

Bajo la luna
danza una promesa:
todo es futuro

ELISA EL ZOUGHBI

Siempre la sonrisa,
las manos siempre rozando el verso
y el apego jugando con las horas.

Siempre la esperanza,
la puerta siempre abierta
y la luz lamiendo la oscuridad.

Siempre la ventana,
el color esperando lo imposible
y los árboles sintiendo el milagro que no fue.

Siempre la noticia,
y el deseo que despierta
en lo imposible de un final feliz.

NO PERDAMOS EL GESTO

I

Todo es temporal y errático
y nosotros, porosas esponjas,
nos empaparemos o no,
todo depende si deseamos flotar
o hundirnos y caer en lo etéreo
de nuestras míseras vidas
castigados por el Dios
de nuestros genes.

II

Amainarán los vendavales,
volverán las primaveras,
germinarán de nuevo los trigos
y las sonrisas, otra vez,
brotarán en los semblantes.
De nuevo florecerá la alegría
y las alargadas sombras,
ahora nublando nuestros ánimos,
volverán a ser, una vez más,
luz que alumbre nuestro pesar.

Y los tonos fríos y oscuros,
cálidos y vibrantes
amanecerán otro día.
¡Esperemos y deseemos
que todo ello no sea
tan solo un afán, un sueño!

FRAGANCIAS

Envueltos en suave brisa
viajan tenues recuerdos,
mejillas bañadas de amapola
y un excitante perfume
sujeto a unas lágrimas furtivas.

Desde ocultos rescoldos
emanan suaves melodías
—mixturas de amores—
aludiendo a trémulos versos
y a sutiles y tibios suspiros.

El jadeo surgiendo del alba
y su esencia invisible
disuelta en aromas del viento,
anida en silenciosos vuelos
de golondrinas que vuelven.

LA VEJEZ DEL AVARO

¡Ay, cuando llegó su invierno!
El anciano ya no supo
del orgullo de ser él,
su estancia entre nosotros,
el ansia de poseer.

Por algún camino
enredado en su memoria
extravió el norte
de todas sus emociones.

Ese día, también perdió
su apego al brillo del dinero,
al acopio.

Hoy solo le quedan
actuaciones de subsistencia:
alimentarse, dormir,
el aseo, si le insisten.

Nadie sabe ahora
si fue perverso, cicatero o quizá,
hundido en sus neuronas,
escondiera algún atisbo
de bondad y altruismo.

Su mirada no nos dice gran cosa.
Las edades geriátricas,
son ahora el estadio
donde su vejez se asoma.
Los últimos resuellos
en que su tiempo camina
por el lado de los vivos
se extinguirán deprisa.

II

Lo susceptible

CINCO ESCENARIOS DE CUANDO LA MUERTE LLAMA A LA PUERTA DE UN SER CERCANO

I – Los últimos días en el hospital

Deambulando por los pasillos,
las horas se tornan grises.
La claridad de la calle,
rompe las ventanas
y toma el color de la muerte.
Junto al agonizante
hay reencuentros de amigos
y familiares cercanos,
pero puede que algunos,
alejados en estima.
En el hospital
abundan los medicamentos
para curas imposibles.
Las crónicas de los allegados
son el conducto de unión
entre el hospital y la luz de fuera.
Algunos ojos se humedecen
y la aspereza perdida aúlla
en la acritud del viento.
El enfermo,
envuelto en soledad y postración,
se hunde en el acuciante frío

ahuecando los anhelos.
Y en demasiadas ocasiones
las ausencias asoman
en forma de enhebradas zozobras.
La dejadez del deseo
y el aislamiento,
driblando a la brisa,
se esconden tras la niebla.
En cuanto el destino se relaja
la guadaña amaga con asomarse
hurtando equidad al hospital.
¡Otra vez los decesos están ahí,
a cada momento, inexpresivos,
equidistantes y yermos,
pero siempre rondando el dolor!
El descansar del ahogo
es la recompensa para el fallecido.
La entereza renace de nuevo,
se acerca a la elipsis
peinando el rigor del tiempo.
Y de nuevo surge la vida intermitente
ocupando los huecos
dejados por los que se marchan.

II – El óbito

Los murmullos
se esconden tras el silencio,
mientras el difunto es visitado
en el lugar de no vuelta.
El ronquido se viste de abismo
y se pierde en lo ínfimo.
Se detiene la sangre
en el destino final
y se para la vida
en la meta indicada por la muerte.
Naturaleza muerta
y atavíos fluctuantes
nacen en lo hondo del alma.
Lo acicalado
se impregna de cera.
La estancia huele
a existencia congelada.
El sepelio
viaja hacia el descanso
y la transformación
otra vez vuelve a la ceniza,
al polvo.

III – En el tanatorio

Pompas fúnebres
El gran negocio
Hablar por hablar
Los encuentros
El chiste malo
Las apariencias
El murmullo
Siempre la muerte
Flores ajadas
La noche
El descanso
Lo que fuimos
La soledad
La crónica
El frío
Más soledad
Vidas intermitentes
Silencio, silencio, silencio…
Y más frío.

IV – La sala de velatorio

Las presencias
Algunas lágrimas
Los acompañantes
Los chascarrillos de mal gusto
El ataúd
La fría opacidad
La simulada doblez
Las coronas de flores
Los murmullos a destiempo
Las huidas invisibles
Las pastas y el café
Los tonos grises
El color que hiela
Y mañana…
Oscuridad para el difunto
Lo absoluto
Lo adusto hecho cristal
Despiertan los incipientes gusanos
festejando el momento
El polvo y la sombra
El tiempo, segundo a segundo
La vida intermitente
y nosotros, despacio,
seguimos, seguimos, seguimos...

V – El responso

A Sinforiano Pérez
febrero 2016

Él se fue
en las primeras horas
de una noche de febrero.
Se cansó de vivir.
Consumió su tiempo,
de principio a fin
–noventa y dos años–,
con sus días,
sus primaveras…
Al comienzo
bañadas de cierta luz
que las hacía más vivaces;
luego acusando sus otoños.
Más tarde
se hizo nimiedad
y, por último, anclado
en desolados inviernos
se fue yendo
hasta completar su ciclo.

DIVERSIDAD

Me cruzo con gente variopinta.
Els altres catalans d'ara
ya no son andaluces
ni gallegos, tampoco murcianos
ni extremeños.

No es su lengua el catalán o castellano
con sus diferentes dejes.
Hablan idiomas lejanos:
suajili, bengalí, árabe, mandarín,
español de allende los mares...

Els altres catalans
–los de Francisco Candel–
son ahora de piel más morena,
de tristes miradas, venidos del este.
Otros son subsaharianos
y algunos, atravesando el Atlántico,
llegaron de Sudamérica.

La mayoría
querrían ser invisibles.
Sumidos en la incomprensión,
les cuesta adaptarse a un país extraño
y a una sociedad que, en parte,
los ignora y rechaza.
Los guetos en donde viven
tienen carencias vitales.

¡Y lo que son las cosas!
Aún quedan algunos ancianos:
Els altres catalans, los de antes,
miran como extraños a los nuevos,
como que molestan.

¡Por Dios y los santos cielos,
qué frágil suele ser la memoria!

POETA

A Jorge Novak Stojsic

Poeta de silencio y vino
de tangos y mate.
Poeta del *Mare nostrum*.
Poeta del sur.
Poeta de versos desnudos
del grito suave.
Poeta venido de lejos
de azules espacios.
Poeta de fluida plática
de fácil verseo.
Poeta de amantes dormidas
de otoños con luz.
Poeta de aquí y de allá
de fácil loar.
Poeta de romances nuevos
de dulces glosares.
Poeta que se moja.
Poeta romántico.
Poeta que teme a la muerte
y mientras tanto
el poeta canta, canta
y ama en sueños
a su tierra del sur
y a su amada de siempre.

FADO

El 27 de noviembre de 2011, el fado fue declarado Patrimonio Cultural de la Humanidad. Por suerte para mí, ese día me encontraba en Lisboa. Por aquellas fechas escribí este poema.

Entre las viejas tabernas de Alfama,
en los pequeños recintos de fado,
la vida fluye por entre el hálito
de un cante que huele a memoria.

Alguien de entre el público se pone de pie.
Brota la música en la estancia.
De entre un gentío entregado,
los fadistas se levantan, se hacen notar.

De algunas gargantas rotas,
surgen sentidas melodías.
Son historias de amores ajados
que anuncian algún desengaño.

Al momento se me eriza el vello,
me envuelvo en un aura
entre suave y seductora
y la emoción me enardece.

La atmósfera se eriza con el canto.
Cual casa de fados hipnotizada,
los que cantan se van sucediendo
en competencia cortés.

Como viento sumiso,
aparecen ecos de invisible embrujo.
Canciones ungidas de llanto,
amores que se durmieron.

Antiguas historias vestidas de fado
anuncian pasiones dormidas,
celos, añoranzas, desencuentros
y dolorosos trances de amor imposible.

Entre las tenues humaredas
driblan los cálidos acordes
y, bañada en melancolía etérea,
nace una magia sin nombre.

De un momento al siguiente
el clima se electriza, surgen
sentimientos dormidos
arropando sombras con música.

La viola y la guitarra
visten la atmósfera de sonidos
a cada instante más hondos y sensuales.

El entorno se vuelve acrisolado.
Se entremezclan los acordes
con las voces desgarradas
y siguen naciendo canciones
de un alma perdida en la noche.

En la sala ya no hay público,
es un todo de fados y bruma,
esencia melodiosa y triste:
ensayo de coplas con hechizo.

DIARIO DE UN DÍA

La mañana se despierta inundada de luz
y yo amanezco
arrastrando de la noche
historias de blancos insomnios
y sueños vestidos de imposible.

Al deslizarme de la cama,
aún con los ojos medio cerrados,
adivino una luna fantasmal
flotando cual rodaja de sueños
entre estrellas inventadas.

Un café humeante
esparce aromas por los rincones
impregnando la estancia
con despertares pintados de zombi
y efluvios de días imprecisos.

Cerca de casa, una parada del metro,
me aguarda impaciente.
Aún no le ha llegado la crónica
de mi retirada forzosa y definitiva,
de lo que siempre hice.

Desde entonces, camino por las calles
y, de paso, sujeto el reuma por las grietas.
El trabajo me colmaba de expectativas,
pero eso fue antes de rendirme
a lo inadaptado de los tiempos.

Hoy deambulo por las trochas
de mis encharcados otoños
esperando, con impaciencia dolorosa,
una primavera imposible
que me redima nuevamente.

Los años desfilan ante mi presencia
cual alegría de una tarde hueca
y un día estéril;
quedando el diario, una vez más,
con la página casi en blanco.

PARÉNTESIS

Me rodeo de esperanza
como pudiera envolverme
en una cura lenta y absolutoria
o en la oscura noche
que me durmiera para siempre.

Unas manos invisibles
cultivan, en la artesa del alma,
la expresión del enfermo.
Expertas hacedoras
de equilibrar mentes
se mueven por los pasillos
desorientando a la luz.

Lo mío de hoy es leve
como leves serán
los anhelos desgastados
y convertidos en reveses
que me pueda deparar
el incierto destino.

LA SENECTUD

Ahí está, frente al espejo,
y apenas reconoce
la imagen que le devuelve
el reflejo de su ego.

Las fechas que lo definen
casi están extinguidas.
El cabello, ondulado antaño,
se le desprendió la mayoría
en delgadas hebras quebradizas
cual hojas caducas en otoño.

El otoño,
su particular otoño,
será el lento y sinuoso camino
que lo arrastre, sí o sí,
hacia los fríos glaciales.

Hoy sus ojos son apenas
unas débiles llamitas sin brillo,
un pábilo casi extinguido
y unas cuencas apenas con vida.

La delgada piel que lo cubre
casi no le vale ya como envoltorio.
Vive tiempos de brevedad,
tiempos como prestados,
tiempos de usar y tirar.

Su presencia, antaño orgullosa,
ya no está de moda,
sus consejos son arcaicos,
Hoy a nadie le hacen gracia
sus elocuentes salidas de antes.

Pronto será un estorbo,
una molestia,
un cadáver andante, un…
no saber qué hacer con él.

Y aún puede estar contento:
el espejo, aunque torpemente,
por las mañanas,
aún le da los buenos días.

CALLE LUARCA DE L'HOSPITALET

Ahí siguen sentados en la terraza de un bar,
entre charlas impregnadas de apatía.
Son los mimos de antaño,
pero hoy están canos y sin memoria.

Ahí siguen íntegras
las mismas calles de siempre,
los humildes edificios desconchados y viejos,
pero con la dignidad íntegra.

Todavía subsisten en el barrio
algunos negocios de hace años:
la vieja barbería, la botica
y la tienda de ultramarinos.

Otros olores y otras brisas
son ahora la esencia imprecisa del barrio.
Mas, adheridos a mi memoria,
subyacen viejos aromas.

La misma precariedad
y las viejas desolaciones
todavía siguen presentes
en cada calle y en cada esquina.

Las nuevas costumbres
y los designios antiguos,
no consiguen el vislumbre
de una esperanzada luz.

Las viejas libertades
arrancadas en calles rebeldes
fueron arruinadas por mor del cansancio
y de unas memorias huecas.

En la dejadez de cada casa,
late la ventana lerda de lo absurdo
atontando a las mentes
con acertados fines.

El descuido se hizo fuerte
en ausencia de expectativas
y en el filo deformado
de un destino sin ambición.

Luchadores del ayer
curtidos en fábricas subversivas,
obreros de otro tiempo,
jubilados de hoy.

Hombres y mujeres
cuyas conciencias perdieron el brillo
en caminos tortuosos
y en prematuras demencias.

En el disoluto aire de acritud
quedó el tiempo de las ideologías.
Sus cansadas memorias
–ahora sin norte–,
los han traicionado de por días.

Los rictus de sus maneras
nos hablan de desconcierto:
confunden al opresor de siempre,
al que en tiempos mantuvieron a raya.

Los llamados cinturones rojos
ahora son color naranja
y quién sabe si al final
se tornarán de reconquista.

Sus gritos de antaño
hoy apenas son un murmullo.
A desgastada libertad
suenan sus gestos medio apagados.

Hombres y mujeres
que miran para otro lado
cuando les llega el tiempo
de ejercer sus derechos.

El votar en los comicios
–que tanto sudor y sangre costó–,
más que un derecho y orgullo,
hoy es una obligación descuidada.

III

La memoria del viento

LA MEMORIA DEL VIENTO

1

Hay una música dentro de mí.
Viene de días lejanos,
de cuando la estancia sonaba a nanas
y las primaveras rayaban eternidades.

No es un sonido triste
mas el deje de sus ecos antiguos
mana como naciendo de un valle
donde flotan esencias que ya no están.

2

El silencio de un árbol en la calma del viento
es lo que queda de la noche.

El canto de algún pájaro nocturno
rompe ese silencio puro
y los silbos viajan con la brisa
soñando que aún habitan.

3

Los lazos que atan el amor a la muerte
son el dolor que no cesa
y los sigilos ocultos en las grietas de un desaire
acarician la pasión efímera que se extingue
entre mareas venidas a menos.

Los tiempos que fueron de plétora luz
ajarán la memoria de las sombras.
Y el destello, en el clímax de amores,
resbalará por las secas umbrías
de cercanos ocasos.

4

Puede que esté solo en la estancia,
llevo días respirando soledad.
Incluso oyendo risas en la sala
cada vez me ahogo un poco más.

En los pasillos habitan penas,
son compañeras de espectros errantes.
No está el aire untado con aromas,
no, hay vacíos aguijando las horas
y distrayendo la luz entre penumbras.

El lugar pudo estar iluminado,
pero ahora las tinieblas andan tras la luz
royéndole las entrañas.

5

En días alternos coincido con la luz,
nazco de entre la niebla,
te nombro, me piensas
y en lo carnal noto surgir
de entre borbotones de azogue
el termal de tu esencia
calmándome la sed.

6

Se detuvo el aliento
nacido de anhelos.
El viento arrastró historias:
viejos amores venidos a menos.

Quedó el dolor
pululando en las sombras
y arredrando a la brisa
con sus mutismos.

7

Detuve la mirada
en lo indecible
de las esencias de un libro.
Y no fue por preguntarle;
sin despertar del todo,
me fulminó con su sigilo
de historias calladas.
«Primero léeme, me dijo,
después te revelaré mis sueños».

8

Salgo de tu risa
apagando el galanteo
para que la lluvia
no contagie de gris tu luz.
Huyo de la lluvia
para no encontrarme
con el brillo azulado
de sus gotas tristes.

9

En la estancia hay un óleo.
Permanece sobre el radiador a medio terminar,
el pintor se abandonó al estío.
La pared de enfrente, matizada de otro tono,
crea pequeñas sombras imprecisas.
Una planta de interior implora agua.
La mesa sigue en su sitio,
la acompaña la mudez de cuatro sillas.
El salón persiste envuelto en un calor que asfixia.
La humedad trae cansancio,
y en la pequeña brisa que me circunda,
flota una tristeza sin nombre.
El aire es una herida abierta en el silencio.
La soledad bebe aliento avinagrado
y en la sala no hay amor,
también él parece huido de por siempre.

10

Las paredes, vestidas con decoros,
no dejan que la luz muestre la alegría del color.
Música y altavoces están dormidos,
ya no cimbra el aura con su embeleso.

El retrato de la abuela, fallecida hace un tiempo,
habita un lugar preferente en la cómoda.
Un televisor viejo, como el dueño, está mudo,
sus programas ya no hacen reír a nadie.

Un mueble poco práctico guarda recuerdos
que ya no brillan en la memoria.
Por doquier, hay pilas de CD's,
sonidos taciturnos soñando que siguen vivos.

A un extremo de la estancia hay libros,
viejas historias por renacer.
El aire parece el mismo de otros días, mas,
hoy emana un tufillo a incienso de viejas misas.

El silencio entona burlas de sí mismo
y no hay un eco que lo remede.
Soledades huidas se esconden por los rincones
propiciando soplos enjutos de ira.

Tras de la lámpara, apagada por la pobreza,
están los destinos que no partieron.
Lo demás permanece como siempre,
casi inerte y apático.

ACORDES DE OTOÑO

1

Por el través brumoso
de una ventana oxidada
me asomo al tiempo.
Ante mis ojos se muestran
grises denuedos, frías lluvias
y un pequeño universo
hueco de emociones.

Las hojas, que en primavera
nacieron de un verde intenso,
como de yerba mojada,
se desprenden hoy ligeras
cual impávidas pavesas.

Hay campos con otoños
de humedad calados,
otoños que dibujan en la tierra
cromáticos tapices,
nacidos de la muerte.

¡Ahora llueve!
Y con la lluvia el cielo está afligido,
llorando parece estar de melancolía,
como si anhelara mañanas
de calma templada.

2

Me asomo al hálito del amanecer
como vaho frío que surgiera
del alma de este otoño,
nacido para un final luctuoso.

Noto, de qué manera,
el viento sacude mi destino
y me empuja, cada vez un poco más,
hacia el cruel invierno
que me helará el aliento y la sangre.

El insomnio me sumerge
en noches de sueños imposibles.
Y los, antaño, duendecillos
pululan hoy a mi alrededor
convertidos en fantasmas.

Y mientras bebo de la lluvia,
me extravío en la niebla
y sucumbo en un intento
por descubrir tu esencia.

3

Parecía su último sigilo.
Luego emergió la palabra
y fue atraída por el ímpetu
de un esquivo extraviado.

Y en el azul lila,
alma de aquel otoño,
adormecido en amores
quedó varado el silencio.

4

No soy hábil en retener la luz
que sustenta tus pestañas
ni en serenar la brisa de tus suspiros:
anhelos que envuelven en tristeza
tu cintura ceñida a los otoños.

Tampoco puedo retener tu esencia
débilmente iluminada
por la luz de una luciérnaga,
en la desfigurada sombra de un duende
o en la abstracta silueta
de una quimera vestida de otoño.

5

Sin tu presencia
no existe proximidad.
¡Solo tú me acercas al universo!

Cuando te ausentas,
me desdibujo en las umbrías
de tu musgosa ventana.

Los ecos de tus acordes
dulcifican mis otoños
y la espera se hace liviana.

El lugar se torna altura
y enajena voluntades
nacidas de un deseo.

6

Detengo mis pasos en la noche,
me visto de sonámbulo
y entro en tus desvelos.

Bullo por entre gente sigilosa,
les pido que expresen el otoño.
¡Ya se fue el verano!, me cuentan.

Despierto resbalando por mis sueños.
No soy yo el de la sombras
son los que gritan en la orilla del silencio.

7

Los sonidos silbaron a fuga
como rumores perdidos
en lejanas cumbres de afonía
o jorobados deleites
bailando al son del odio.

Dentro de aquel día gris
hubo un desconchón de claridad.
La esperanza de que alejaras
al otoño con tu luz
y, prendida en las noches,
velaras mis sueños.

8

Se notaba el respirar de las olas
rompiendo lechos de piedra
con sus embates y huídas.

Se notaba tu ausencia en la escena
clavándose en mis pesares:
guijarros punzando sus filos
en mi memoria aún lúcida.

Se notaba la soledad
al contacto con la noche
y el frío calando
entre las lluvias de otoño.

9

Me arrebujo en mi propio regazo,
la oscuridad me envuelve
y la humedad presente
se filtra por entre sombras
ganando lentamente espacio a la luz
hasta dejarme varado
en el sigilo de una brizna de otoño.

10

Entre la tenue brisa del mar
y el incesante sirimiri,
habito inmerso
en el inicio, todavía cálido,
de un recién nacido otoño.
Otoño desgajado ayer mismo
de las ramas caídas
a un verano ya extinto.

A través de silenciosas brumas
me hago pavesa en el viento.
Desde allí, observo atisbos de lisura
y charcos que perdieron su sombra.

Luego de tupidas lluvias
y temprana claridad,
se dejará asomar el invierno,
crudo de inclemencias
y repleto de temblorosos sueños.

DE HISTORIAS DE TUS ECOS

1

Se colapsó su estima
y brumas de inquietud
asomaron en el poso del café.
Por lo demás,
nunca se supo de su abandono.

Con frecuencia se abrían
pequeños desvaríos en su ego,
quejumbrosos aullidos
surgiendo del invisible relente.

Guardó los temblores para otros fríos,
y no retuvo valor para objetar
lo confuso que sería el camino de vuelta
sin confundir los mojones.

Luego que fueron pasando las horas,
se rodeó de mutismo, de sombras,
y en el sigilo de una brisa venida a calma
se quedó varada.

2

Atado a tus pupilas,
me muevo como péndulo
sujeto a las mareas de tus días.

El rocío, impregnado de tu aroma,
suple los efluvios de la luna.
Y al brotar tu nombre en la noche,
entre silbidos del viento,
los ecos de tu ausencia
deambulan yermos en mis sueños.

De memoria recorro los caminos
de las dejadas huellas de tus besos,
luego retorno a los páramos
y espero en los antiguos veneros
el frío amanecer
de algún rumor que te nombre.

3

Esperaré a que se duerma la luna,
a que el temblar de los vientos,
rehilando con sus silbidos,
haga feliz a los duendes
amagados tras las frondas.

Esperaré a que, enhebrando el silencio,
el tiempo no se haga eterno,
a que aún estemos vivos,
juguemos con nuestros sueños
solfeando al soplar del viento.

4

Se clavaron mis ojos en lo indeleble
de una metáfora nacida del deseo.

Luego de asomarme a un espejo roto,
vi los reflejos de un sueño congelado.

Cuando el descanso me hizo laxo,
no entendí el porqué de aquel final.

Y mis anhelos se ocultaron entre rescoldos
de brasas que habitaron tu esencia.

5

¿Dónde estarán los álamos,
dónde el olmo herido aquel martes
con nuestras iniciales?

¿Dónde los días perdidos,
los que me robó el tiempo?
¿Dónde las historias encendidas
que ya no habito?

Los espacios murieron con la luz
y la luz se extinguió en la noche.
Hoy… contemplo aquel rosal,
lo veo plagado de espinas
y algún perfume de rosas
que ya son polvo.

Mas, los aromas de cada primavera,
me llevan a tu presencia una y otra vez
y me olvido de las punzadas
ocultas tras el viento que te recrea.

6

Mis recuerdos son tus mapas.
Transito por tus historias
y rememoro fragancias,
jazmines, vital aliento.

Solo presencias etéreas
y una tenue melancolía
surgiendo de entre la lluvia
se lastran a mis oídos.

Fue el viento
el que trajo a mi memoria
días de recreadas luces
y olor a lirios silvestres.

SOÑANDO VERSOS

1

¡Adelante ese amor
huido de algún naufragio!

¡Sostenlo en la brisa misma,
junto a los cerezos,
tocando al cielo
con su semblante de fiesta!

¡Llévalo siempre en tu presente
y camina por el filo eterno
del principio de lo bello!

¡Llóralo de emoción
al palpar su esencia, herida
por la desidia de una exhalación!

¡Apláudele cual atisbo
nacido del deleite de un desaire
y sigue al silencio que habita
en el deceso de una primavera!

2

La culpa de tanto deterioro
en el inescrutable tiempo
la tienen los relojes.

Ellos son los causantes,
con su inexorable y ciego titilar,
acelerados en primavera
y lentos en los inviernos.

Son ellos los que suprimen
caminos en la memoria,
los que minan torcidos andares
y enfrían postreros vestigios
con torpes proverbios.

3

A sus trece años
ya fue apto para el trabajo.
En las noches impares del estío,
asistido por la tenue luz de un carburo
regaba los canteros y arriates
de un regadío, más huerto que huerta.

En las mañanas,
con el rocío durmiendo en la escarcha,
tocaba labor de cava con azadón.
Y dos veces por semana
lo atrapaba en pie la madrugada
y lo empujaba hacia el camino
de los pueblos donde vendía hortalizas.

4

En las tardes sombrías,
harto de soportar dolencias crónicas
y recibir noticias tristes,
se sumergía en la fría noche
y sucumbía a los sueños.

Ya no recuerda
el temprano despertar de un ruiseñor
en las incipientes primaveras.
Su horizonte es ahora
el frío, la vejez, la muerte.

5

Muy dentro,
muy dentro de mí
se oculta una sombra,
una alargada sombra
cohibiendo la luz de ese día.

Muy dentro del alma
sueño con la luz en la noche azulada,
la que dejaste tras la huida
el último de nuestros veranos.

No recuerdo los entornos,
solo está presente el perfume
que tanto me acercaba
a tus caminos ocultos.

Es aquel aroma,
atrapado aún en mi memoria,
el que me habla a menudo
de ardientes rescoldos,
emanando en las noches.

6

De vez en cuando nos llegaba, no de muy lejos,
el repetitivo cava, cava…,
del canto de la zumaya
rompiendo la quietud de las horas.
Bajo la enramada cubierta de parras,
la oscuridad era diluida por la luz del carburo.

Los mosquitos revoloteaban
alrededor de la claridad de los objetos.
Las salamanquesas, enganchadas a la pared
por la magia de Van der Waals,
ajenas a los que charlaban,
se alimentaban de pequeños insectos.

Los veranos de añiles noches,
de grillos chirriando, cuyo canto,
daba un toque exótico a la suave brisa,
untaba las horas de un rumor mágico.

Notas de nostalgia y frescor
renacen hoy de entre las brasas amagadas
en memorias de aquel mes de agosto
bajo la enramada engalanada de historias.

7

En los días de plenilunio
las risas eran frecuentes,
las noches invadían a las doradas tardes.
y las madrugadas viajaban despacio,
por temor a que el alba
robara sus últimos sueños.

Y la luna,
cubierta por nubes de algodón,
escondía su reflejo de plata
asustando a las pálidas sombras
y hurtando el calor
a la brisa que te anidaba.

8

Se resquebrajó la niebla,
palpé la luz, su luz;
no hubo más sombras.
Luego, caí en la cuenta
de que tan solo era polvo.

Y en otro sueño,
brotaron charcos de claridad,
y al despertar
otra vez noté el vacío
enredado entre ausencias.

9

En aquellos veranos,
los días eran pletóricos.

Recuerdo el cobertizo
vestido con vides trepadoras:
los racimos jugaban a burlar la gravedad,
la tenue brisa deshacía el rocío
en el verde-azulado de las uvas.
El calor de los reunidos,
y las notas de alguna guitarra
rasgaban melancolía al silencio.
También me viene a la memoria
tu olor esparcido en el aire.
Y, sobre todo, evoco hoy
tus sonrisas de entonces,
aún flameando en mis mañanas.

10

Eres como sol de eternas energías
regalándome la vida.
Como niebla eres,
guarecida tras la luz que nos habita
y baña las mañanas
de tus esencias hechas guiño.
Como el canto de la sirena eres,
hechizando los mares de misterio
en la orilla de mis sigilos.

ÍNDICE

FRANCISCO COBACHO

Nació en una aldea de Córdoba en la que vivió hasta bien entrada la adolescencia. A los dieciséis años, junto con su familia, emigró a Barcelona. Desde entonces vive en la Ciudad Condal.

El que fuera técnico de telecomunicaciones, empleado en una empresa de telefonía y redes, es ahora un jubilado con algunos años a la espalda. Desde siempre ha llevado muy adentro lo de escribir. Fue cofundador de las revistas literarias *Alcudia* y *Alga*. Cursó cuatro años (un ciclo completo en la modalidad de Novela) en la Escuela de escritura del Ateneu Barcelonès. Ha publicado, tanto relatos como poemas, en las colecciones Verde Blanco (en varios de sus libros antológicos *Alas para la poesía)*, Aradores, en sus antologías *Arando versos* y *Cosecha de invierno. Poesía solidaria* y *Voces del laberinto*.

En abril del 2023 salió su primera novela *Nidos de abejarucos*. Tiene inéditos dos libros de relatos: *Cual las esencias de un árbol* y *Pluma y papel* y otros tres poemarios más. También se ha adentrado por los oficios de pintor de óleos y marquetería artística. Es miembro del colectivo de escritores El laberinto de Ariadna y socio de ACEC (Asociación Colegial de Escritores de Cataluña).

instagram.com/cobachofrancisco

parnassediciones.com
instagram.com/parnassedicions
facebook.com/parnassedicionesbcn
x.com/parnass_ed